Jules Puppenstube

Zart, hell und leicht sind die Kreationen, die wir Ihnen in diesem Stickbuch vorstellen möchten. Treten Sie ein in Jules Puppenstube, wo wir Ihnen ausgefallene textile Gestaltungen für das ganze Haus zeigen.

Als Leitmotiv für dieses Buch haben wir die Matrjoschka-Puppe ausgewählt, weil sie ein Symbol für traditionelle Volkskunst und gemütliches Ambiente ist. Es hat uns viel Spaß gemacht, diese nostalgischen Figuren mit zeitgemäßem Stickdesign umzusetzen und so haben uns diese kleinen rundlichen Puppen zu zahlreichen Variationen inspiriert.

Schöne Deko-Passepartouts runden diese Kollektion ab und machen mit vielen einfallsreichen Ideen Lust auf kreatives Gestalten. Wir wünschen Ihnen viel Freude mit unseren Handarbeiten und Dekorationen und grüßen Sie herzlich

Ute Menze & Meike Menze-Stöter

Süße Verführung

Ein Traum in rosarot ist dieser verspielte Wandquilt. Die feinen Farben verleihen der Küche eine sommerliche Leichtigkeit und stimmen fröhlich. Feine Details ergänzen dieses zarte Ensemble, wie zum Beispiel die traumhaften Muffins, die mit der Lilifee-Backmischung von Dr. Oetker gebacken sind. Ergänzt mit dekorativem Zuckerwerk werden diese Köstlichkeiten zu kleinen Kunstwerken.

Unwiderstehlich

Unter die Haube gebracht sind hier gestickten Matrjoschka-Puppen und kleine Muffins. Viele zauberhafte Details machen diesen Quilt zu einer Augenweide. Applizierte Tassen, Kanne und Muffins geben ihm eine verspielte Note und ergänzen die Stickerei vortrefflich. Eine genähte Zackenborte wird an den Spitzen mit Perlen verziert und spiegelt die Zackenkante der gestickten Tortenplatte wider. Mit über einhundert kleinen Perlen werden die abgesteppten Rauten oben und unten auf dem Behang verziert. Bei diesem Anblick geht einem das Herz auf! Die Anleitung finden Sie auf Seite 32.

Die Passepartouts in Form einer Matrjoschka lassen sich mit Details abwechslungsreich gestalten. Sie bestehen aus Vorder- und Rückenteil und Satinband. Die Gesichter werden mit einigen Kreuzstichen gestickt und in die Herzausschnitte sind zarte Stoffe eingeklebt. Die Stickerei und die Stoffe werden mit einem Klebestift zwischen die zwei Passepartouts geklebt und anschließend mit Satinband und Blüten verziert. Die Stickmuster für die Gesichter finden Sie auf Seite 57.

Zwei in Sommerlaune

Zwei im Frühlingsgewand

Diese beiden Matrjoschka-Passepartouts sind mit frühlingsfeinem Schmuckwebband verziert worden. Die frischen Hyazinthen unterstreichen diese Frühlingsmomente! Das Band „Frühlingsherz" und die gestickten Gesichter werden, wie links beschrieben, in die Passepartouts eingearbeitet. Die Stickanleitung für die Gesichter finden Sie auf Seite 57.

Die Zuckerbäckerin

Diese Schürze versüßt charmant den Küchenalltag! Da können die Gäste ruhig schon mal fünf Minuten früher kommen. Sie ist absolut gesellschaftstauglich, und was das Beste ist: Sie ist ganz einfach zu nähen. Die Anleitung finden Sie auf Seite 36.

Romantischer Ausblick

Zart und fein ist diese kleine Gardine gearbeitet. Auf rosarotem Leinen wird die Matrjoschka gestickt und mit farblich passenden Baumwollstoffen zu einem Gesamtkunstwerk verarbeitet. Applikationen und eine Zackenborte verleihen ihr eine romantische Note. Die Matrjoschka wird abschließend mit roten Swarovski-Strasssteinen verziert, die glänzende Akzente setzen. Die Anleitung finden Sie auf Seite 38.

Gärtners Lieblinge

Drei gleiche Blumentöpfe werden mit kleinen Matrjoschka-Passepartouts dekoriert. Die fertig gestalteten Matrjoschkas werden mit Heißkleber in gleicher Höhe auf die Töpfe geklebt. Die Stickanleitung für die Gesichter finden Sie auf Seite 57.

Liebevoll bedacht

Eine alte Kuchenform wird hier mit zurechtgeschnittener Steckmasse beklebt und mit weißem Dekogras, künstlichen Ranunkeln, einem Kirschblütenzweig und rosa Bellis ausgestaltet. Perlen auf Silberdraht verleihen dem Gesteck einen romantischen Glanz. Die drei Matrjoschka-Passepartouts werden mit gestickten Gesichtern, Baumwollstoffen und Schmuckwebbändern verziert. Satinband, künstliche Blüten und Perlenohrringe sind zusätzliche liebevolle Details. Vor dem Zusammenkleben beider Passepartoutteile werden feste Drähte von innen auf das Rückenteil (1 cm hoch) geklebt. Hierbei empfiehlt sich das Arbeiten mit einer Heißklebepistole.

Das zauberhafte Platzkärtchen mit Menükarte ist eine hübsche Tischdekoration und ein besonderes Gastgeschenk für liebe Freunde. Hier wurde ein Matrjoschka-Passepartout mit einem gestickten Gesicht versehen und in den Herzausschnitt ein Papier mit dem Namen geklebt. Die Rückseite eines Muffin-Passepartouts ist als Menükarte umgestaltet und beides wird auf Herzklipps aus Holz geklammert. Herzlich Willkommen und guten Appetit! Die Stickanleitung für die Gesichter finden Sie auf Seite 57.

Schmusepuppe

Die weich gefüllte Matrjoschka-Puppe hat die richtige Größe zum Schmusen. Mit ihrem freundlichen Lächeln macht sie gute Laune und die rosaroten Farben bringen Fröhlichkeit ins Haus. Wattierte, applizierte Herzen und die schöne Kombination von verschiedenen Stoffen und Schmuckwebbändern machen den Reiz dieser Puppe aus. Rosenknöpfe und rote Blätter zieren ihren Kopf. Die Anleitung finden Sie auf Seite 40.

Blütenreich

Dieses Kissen ist eine kuschelige, ausgefallene und zauberhafte Dekoration für Sofa oder Bank. Die gestickte Matrjoschka-Puppe bildet den Mittelpunkt und ist umgeben von einem traumhaften Blütenmeer. Die Anleitung finden Sie auf Seite 42.

Drei Schwestern

Diese drei blumigen Matrjoschkas werden umringt von feinen Ornamenten aus Swarovski-Strasssteinen. Die schimmernde, glitzernde Pracht bedarf keiner weiteren Dekoration und wird perfekt ergänzt durch den schlichten, weißen Schmuckbügel. Die Anleitung finden Sie auf Seite 44.

Fein gestreift

Ein Traum in Pink ist dieses Kissen. Matrjoschka und Leinenstreifen sind mit einer stimmigen Kombination von verschiedenen Schmuckwebbändern verziert und ein Blütenornament unterbricht charmant diese Geradlinigkeit. Die Anleitung finden Sie auf Seite 43.

Leicht & luftig

Inmitten der zauberhaften Blumen hängen hübsch gestaltete Passepartouts. Muffins und Matrjoschkas geben sich hier ein Stelldichein und machen aus diesem Tulpenmeer eine romantische Spielwiese. Mit in die Passepartouts werden Satinbänder eingearbeitet, die zur Aufhängung dienen. Die Ausschnitte werden mit gestickten Gesichtern, Baumwollstoffen, Schmuckwebbändern und künstlichen Blüten verziert. Die Stickanleitung für die Gesichter finden Sie auf Seite 57.

Im Kreise der Lieben

Die kreisrunde Kollage ist eine Reise in die Vergangenheit wert. Ein einseitig klebender Pappkreis aus Kaschierfolie wird mit zwei Baumwollstoffen beklebt und die Mittelnaht mit Schmuckwebband verdeckt. Mehrere Passepartouts werden mit alten Schwarzweißfotos hinterklebt und die kleinen Gesichter der Matrjoschkas werden gestickt. Schleifen aus Satinband und Schmuckwebbändern, sowie künstliche Ranunkeln werden mit Heißkleber befestigt. Ein Stück Schmuckwebband wird als Aufhängung auf die Rückseite geklebt. Die Stickanleitung für die Gesichter finden Sie auf Seite 57.

Fröhliche Reihe

Diese kleine Girlande ist eine hübsche Gestaltung und lässt Herzen höher schlagen. Gestickt werden nur die Köpfe der beiden Matrjoschkas, der Rest wird genäht. Harmonisch aufeinander abgestimmte Stoffe und feine Schmuckwebbänder machen den Reiz dieser Girlande aus. Die Anleitung finden Sie auf Seite 46.

Zuckersüß

In ganzer Pracht zeigt sich hier eine komplette Reihe Matrjoschkas mit Rosenbukett. Die rosarot gestickten Puppen werden schön durch den transparenten roten Leinenläufer ergänzt. Das feine Rosenporzellan ist edel und klassisch und ist eine schöne Ergänzung zu den kleinen Köstlichkeiten auf dem Tisch. Aus den Vorderseiten der Muffin-Passepartouts werden Serviettenringe und aus den Rückseiten Namensschilder für eine gelungene Sitzordnung gestaltet. Die Anleitung finden Sie auf Seite 48.

Rund & bildschön

Diese zwei Wandkreise sind wie Zierteller an die Wand gehängt und machen dort eine gute Figur. Aus Wollstoff ist ein Passepartout um die gestickte Matrjoschka gespannt worden. Ein Blütenornament rundet die Gestaltung ab. Ein Kranz aus rosaroten Blüten ziert den zweiten Kreis und bringt so die Wand zum Erblühen. Die Anleitung finden Sie auf Seite 50.

Gut platziert

Auf diesem liebevoll gestalteten Stuhl fühlt man sich wohl. Die weiche Husse aus Wollstoff und Leinen ziert eine gestickte Matrjoschka und zauberhafte Blütenornamente. Der dehnbare Wollstoff umspannt die Stuhllehne perfekt und hat alles fest im Griff! Die Anleitung finden Sie auf Seite 50.

Süßes Kränzchen

Ein zarter Kranz aus kunstvollen rosaweißen Blüten ist die perfekte Ergänzung für das hübsch bestickte Leinenband. Die luftige Dekoration hängt leicht an der Tür und heißt den Betrachter Willkommen. Die Anleitung finden Sie auf Seite 56.

Traumtänzer

Hier sind der Fantasie keine Grenzen gesetzt. Die Ausgestaltung der Passepartouts kann zu kreativen Überraschungen führen. Feine Stoffe und Schmuckwebbänder werden gemeinsam mit gestickten Gesichtern in diese zauberhaften Passepartouts eingeklebt. Mit Schleifchen und Blüten werden die Figuren anschließend hübsch verziert. An die Passepartouts werden Satinbänder geklebt, die zur Aufhängung dienen. Damit das Mobile perfekt in Waage hängt, werden gleichschwere Teile gegenüber eingehängt. Die Stickanleitung für die Gesichter finden Sie auf Seite 57.

Trendsetter

Besonders ausgefallen und dekorativ ist diese leichte Umhängetasche für unterwegs. Die praktische Tasche ist einfach zu nähen und bietet Raum für all das, was man so braucht. Die Träger lassen sich in der Länge durch einfaches Knoten verstellen. Die Vlieseinlage macht die Tasche zu einem weichen Begleiter und schmiegt sich perfekt an den Körper an. Frisch und frech ist die Farbkombination von Schwarz und Pink, welche durch die Stickerei und das Blumenornament spielerisch verstärkt wird. Die Anleitung finden Sie auf Seite 52.

Black is beautiful

Elegant in Schwarz und Weiß zeigen sich diese beiden Kissen. Gestreifte und karierte Baumwollstoffe in Kombination mit feinen Schmuckwebbändern und einer schwarzen Spitzenborte ergänzen die beiden gestickten Matrjoschka-Puppen vortrefflich. Die Anleitung finden Sie auf Seite 54.

Happy Birthday

Diese Geburtstagskrone ziert den liebevoll gedeckten Tisch und zeigt, dass hier mit viel Liebe dekoriert wurde. Die kleinen Muffin-Passepartouts sind mit dem Schmuckwebband „Schwedenkinder" beklebt, und Blüten und Schleifchen runden diese Gestaltung ab. Die Passepartouts werden mit Heißkleber einfach um einen Metallring geklebt. Kerzen und eine kleine Girlande aus Papierfähnchen machen diese romantische Dekoration zu einem stimmungsvollen Geburtstagsgruß.

Grundanleitungen

Schrägband
Um eine Näharbeit mit Schrägband einzufassen, klappen Sie das Band auf, stecken es rechts auf rechts an die Außenkante der Näharbeit und nähen es knapp neben der Falzkante zum äußeren Rand hin an. Falten Sie das Schrägband auf die Rückseite und achten Sie darauf, dass es 2 mm über die Nahtlinie geht und stecken Sie es mit Nadeln fest. Steppen Sie das Schrägband auf der Vorderseite in der Nahtlinie ab. So wird es auch auf der Rückseite angenäht. Fassen Sie zuerst zwei gegenüberliegende Kanten mit dem Schrägband ein. Die beiden anderen Seiten arbeiten Sie genauso, nähen jedoch vor dem Umlegen auf die Rückseite die Schmalseiten des Schrägbandes zusammen.

Applizieren mit Vliesofix
Für das Applizieren eines Motivs mit Vliesofix übertragen Sie die Umrisse des Motivs mit einem Bleistift seitenverkehrt auf die Papierseite von Vliesofix. Vliesofix ist ein mit Papier geschützter Haftfilm zum Aufbügeln eines Stoffes auf einen anderen. Schneiden Sie das Motiv großzügig aus. Legen Sie die beschichtete Seite auf die linke Seite des Stoffes und bügeln Sie das Motiv auf. Schneiden Sie das Motiv exakt aus, ziehen Sie das Trägerpapier ab und bügeln Sie es an der gewünschten Stelle auf. Hierbei ist die beschichtete Seite unten. Die Kanten werden mit einem Knopflochstich per Hand oder mit einem Zickzackstich mit der Maschine umsäumt.

Rasterquick
Diese Vlieseinlage hat ein aufgedrucktes Raster im 60°-Winkel. Es wird mit der bedruckten Seite nach oben auf Volumenvlies und den Stoff gelegt und dann wird an den Konturen entlang genäht. So ergibt sich eine Steppnaht in Form von Rauten auf dem Stoff. Nähen Sie über jede zweite diagonale Linie, in jeweils beiden Richtungen.

Kreisschablonen (Art.-Nr. 6257-8701 u. Art.-Nr. 6257-8700)
Die Blütenkreise werden mittels einer speziellen zweiteiligen Kreisschablone erstellt. Mit einer Zugabe von ca. 0,5 cm wird der Stoff um die Schablone herum abgeschnitten. Dabei wird ein Reihstich rund um die Schablone in die dafür vorgesehenen Löcher gestochen. Am Ausgangspunkt angekommen, wird dieser Faden zusammengezogen, so dass sich der Stoff in Falten legt und ein geraffter Blütenkreis entsteht.

Quiltstich
Der Quiltstich ist ein Reihstich, der die drei Stofflagen einer Patchworkarbeit miteinander verbindet. Dabei wird die Nadel von oben in die drei Lagen eingestochen und ein Stück versetzt von unten wieder nach oben hinaufgeführt. Quilten können Sie direkt in der Naht oder 0,5 cm neben einer Applikation. Durch das Quilten wirkt eine Näharbeit plastischer.

Hotelverschluß
Ein sogenannter Hotelverschluss ist eine Alternative zum Reißverschluss für das Rückenteil eines Kissens. Für diese Verschlussart wird das Rückenteil aus zwei Teilen genäht, die sich ca. 10 cm überlappen. Bei einer Kissengröße von 40 x 40 cm benötigen Sie für das Rückenteil einen Zuschnitt von 41,5 x 60 cm und einen von 41,5 x 50 cm. Für das Vorderteil benötigen Sie 41,5 x 41,5 cm. Bügeln Sie die zwei Zuschnitte für das Rückenteil auf die Hälfte, sodass eine Größe von 30 x 41,5 cm und von 25 x 41,5 cm entsteht. Das größere Stück rechts auf rechts mit der Öffnung an die obere Seite des Vorderteils und das kürzere Stück an die untere Seite des Vorderteils annähen. Das längere Stück liegt unter dem kürzeren Stück. Die zwei Seiten mit einer Seitennaht schließen.

Kleine Stickschule
Überwiegend werden unsere Stickereien im Kreuzstich gearbeitet. Der Kreuzstich entfaltet in Kombination mit einigen anderen Stichen seine Wirkung auf besondere Art. In der Regel wird auf 12 fädigem Leinen gestickt, hierbei ergeben 6 Kreuze einen Zentimeter. Auf 11 fädigem Leinen ergeben 5,5 Kreuze einen Zentimeter. Darauf beziehen sich auch unsere Größenangaben. Wir verwenden Baumwollgarn von V+H auf 11 und 12 fädigem Leinen grundsätzlich einfädig. Die Sticknadel sollte zum Sticken des Kreuzstiches keine Spitze haben, Sie zerstechen sonst zu leicht einen Gewebefaden. Für den Knötchenstich empfehlen wir Ihnen jedoch eine Nadel mit Spitze, um gegebenenfalls durch schon besticktes Gewebe zu stechen.

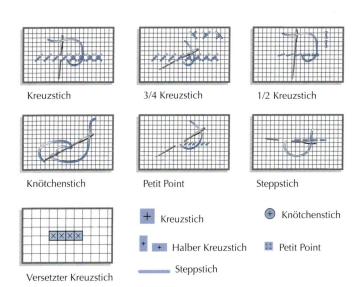

Anleitung Wandquilt „Süße Verführung" (Seite 3)

Gesamtgröße 65 x 90 cm.
Stickereigröße 24 x 29 cm. Gestickt wird mit deutschem Baumwollgarn von Vaupel & Heilenbeck.

Material

- 0,35 m Leinen, gebleicht, 1,40 m breit, Art.-Nr. 319-113W
- 0,20 m Baumwollstoff, rosa mit weißen Punkten, 1,50 m breit, Art.-Nr. 392-10507110
- 0,30 m Baumwollstoff, rosa mit Tupfen, 1,50 m breit, Art.-Nr. 392-10507156
- 1,00 m Baumwollstoff, rot-weiß gestreift, 1,50 m breit, Art.-Nr. 392-40450
- 0,10 m Baumwollstoff, weiß-creme gestreift, 1,50 m breit, Art.-Nr. 392-52506
- 0,10 m Baumwollstoff, rot mit Rosen, 1,50 m breit, Art.-Nr. 392-10507152
- 0,10 m Baumwollstoff, rosa mit Rosen, 1,50 m breit, Art.-Nr. 392-10507153
- 1,00 m Volumenvlies, 90 cm breit, Art.-Nr. 3255-101
- 0,65 m Volumenvlies zum Aufbügeln, 90 cm breit, Art.-Nr. 3255-100
- 0,20 m Vliesofix, 90 cm breit, Art.-Nr. 3255-104
- 0,45 m Rasterquick Dreieck, 90 cm breit, Art.-Nr. 3255-105
- 3,20 m Schrägband, rosa mit Tupfen, Art.-Nr. 392-1973156
- 2 Döschen Glaswachsperlen, weiß, je 100 Stück, 4 mm, Art.-Nr. 6225-14400-102
- 1 Döschen Glaswachsperlen, weiß, 100 Stück, 6 mm, Art.-Nr. 6225-14401-102

Zuschnitt

- Stickleinen: (A) 35 x 40 cm
- Baumwollstoff rosa Punkte: (B) 2 Stück 16,5 x 40 cm
- Baumwollstoff rot-weiß gestreift: (C) 13 x 65 cm / (E) 13 x 65 cm / (F) 16,5 x 65 cm / 75 x 100 cm, Rücken / 8 x 60 cm, Tunnel
- Baumwollstoff rosa mit Tupfen: (D) 15 x 65 cm / (G) 2 Stück 11,5 cm x 65 cm
- Rasterquick: 16,5 x 65 cm für Zuschnitt (F) / 13 x 65 cm für Zuschnitt (E) / 12 cm x 65 cm für Zuschnitt (G)
- Volumenvlies zum Aufbügeln: 16,5 x 65 cm für Zuschnitt (F) / 13 x 65 cm für Zuschnitt (E), 35 x 40 cm für Zuschnitt (A)
- Volumenvlies: 90 x 100 cm / Einlage
- Schrägband: 3,20 m

Anleitung

Sticken Sie das Motiv mittig auf das Stickleinen (A). Nach dem Sticken feuchten Sie das Leinen an und bügeln es von links trocken. Bügeln Sie vorläufig nur hinter Zuschnitt (A), (E) und hinter Zuschnitt (F) das jeweilig zugeschnittene Volumenvlies. Um die abgesteppte Rasterung zu erhalten, stecken Sie auf der Rückseite der Zuschnitte (E) und (F) das Rasterquick mit Stecknadeln fest.

Dabei liegt die bedruckte Seite oben. Auf diesem Vlies sind Dreiecke vorgedruckt, an denen entlang mit der Maschine genäht wird. Nähen Sie über jede zweite diagonale Linie, in jeweils beiden Richtungen, so dass sich die Nähte kreuzen. So entstehen die Steppnähte auf dem Stoff in Form von Rauten. Nähen Sie den Zuschnitt (B) links und rechts an das Stickleinen (A). Nähen Sie den gestreiften Zuschnitt (F) oben an das Mittelstück (A/B). Nähen Sie die Zackenborde. Hierfür legen Sie die Zuschnitte (G) für die Zackenborde rechts auf rechts und stecken den Rasterquick-Zuschnitt auf. Dabei liegt die bedruckte Seite nach oben. Nähen Sie mit Hilfe der Rasterung eine Zackennaht. Ein Dreieck hat eine Höhe von 9 cm ohne Nahtzugabe. Schneiden Sie die Zacken mit einer kleinen Nahtzugabe aus und schneiden die Spitzen und Ecken bis kurz vor die Naht ein. Wenden und bügeln Sie die Zackenborde.

Stecken Sie die Zackenborde unten an das Mittelstück (A/B) und nähen Sie sie fest. Dabei zeigen die Zacken zur Stickerei. Nähen Sie dann der Reihe nach den Zuschnitt (C) an das Mittelstück (A/B) und Zackenborde, Zuschnitt (D) an (C) und anschließend den Zuschnitt (E) an (D).

Für die Applikationen übertragen Sie die Muffins, die Tassen und die Kanne mittels der Schablonen von Seite 58 und 59 auf den jeweiligen Stoff und bügeln Sie sie mit Hilfe von Vliesofix auf das Vorderteil. Die Schablone wird seitenverkehrt übertragen. Fixieren Sie die Motive mit einem Zickzackstich mit der Maschine. Eine genaue Anleitung der Verarbeitung von Vliesofix finden Sie auf Seite 31.

Nähen Sie auf die Rückseite 3 cm von oben den Tunnel an, durch den später eine Stange zur Aufhängung geschoben wird. Legen Sie nun die Rückseite mit der linken Seite nach oben vor sich auf den Tisch. Das Vlies wird darauf gelegt. Die fertig genähte Vorderseite wird mit der rechten Seite nach oben aufgelegt. Anschließend von der Mitte aus glatt streichen. Nun von der Mitte aus die drei Lagen mit Sicherheitsnadeln zusammenheften, damit sie beim Quilten nicht verrutschen. Steppen Sie mit einem Quiltstich (siehe Seite 31) durch alle Nähte sowie um die Applikationen und verbinden Sie so die drei Lagen miteinander. Nach dem Quilten begradigen Sie die Schnittkanten und fassen den Behang mit Schrägband ein. Zum Schluss setzen Sie auf jede gekreuzte Steppstichnaht eine kleine Perle auf. Auf alle Enden der Zacken nähen Sie eine große Perle an.

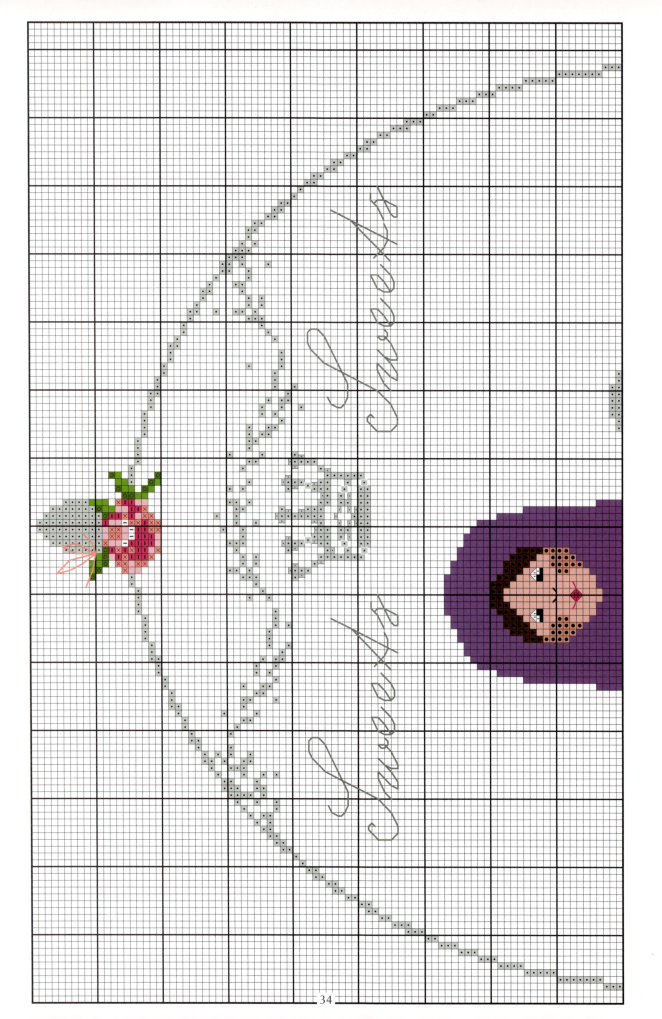

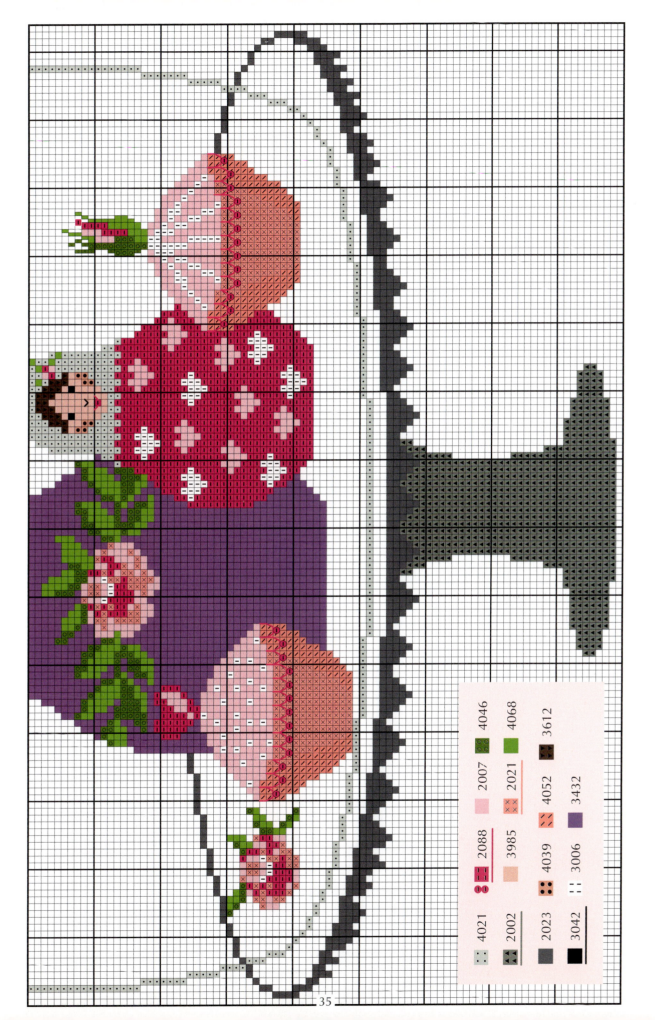

Anleitung Schürze „Die Zuckerbäckerin"
(Seite 8)

Gesamtgröße 72 x 70 cm.
Stickereigröße 8,5 x 14 cm. Gestickt wird mit deutschem Baumwollgarn von Vaupel & Heilenbeck.

Material
- 0,15 m Leinen, rosa, 1,40 m breit, 12-fädig, Art.-Nr. 319-113R
- 0,70 m Baumwollstoff, rot-weiß gestreift, 1,50 m breit, Art.-Nr. 392-40450
- 0,20 m Baumwollstoff, rosa mit Tupfen, 1,50 m breit, Art.-Nr. 392-10507156
- 0,10 m Baumwollstoff, weiß-beige gestreift, 1,50 m breit, Art.-Nr. 392-52506
- 0,10 m Baumwollstoff, rosa mit weißen Punkten, 1,50 m breit, Art.-Nr. 392-10507110
- 0,10 m Baumwollstoff, rot mit Rosen (für Herzen auf Muffins), 1,50 m breit, Art.-Nr. 392-10507152
- 0,10 m Schmuckwebband „Mein Engel", weiß-rosa, 1 cm breit, Art.-Nr. 35049-04
- 1,10 m Volumenvlies zum Aufbügeln, 90 cm breit, Art.-Nr. 3255-100
- 0,70 m Rasterquick, Dreieck, 90 cm breit, Art.-Nr. 3255-105
- 7,70 m Schrägband, rosa mit Tupfen, Art.-Nr. 392-1973156
- 0,10 m Vliesofix, 90 cm breit, Art.-Nr. 3255-104

Zuschnitt
- Stickleinen: (A) 15 x 21,5 cm
- Baumwollstoff rot-weiß gestreift: (B) 2 Stück 15 x 6,5 cm, Oberteil / (C) 2 Stück 8 x 31,5 cm, Oberteil / 26,5 x 31,5 cm, Rücken Oberteil / (D) 72 x 40 cm, Unterteil / 72 x 40 cm, Rücken Unterteil
- Baumwollstoff rosa mit Tupfen: (E) 2 Stück 30 x 16 cm, Tasche

Anleitung

Sticken Sie die Matjroschka-Puppe mittig auf das Leinen (A). Nach dem Sticken feuchten Sie das Stickleinen an und bügeln es von links trocken. Nähen Sie das Schmuckband laut Abbildung knappkantig auf das Stickleinen auf. Nähen Sie die Zuschnitte (B) oben und unten an das Leinen an. Anschließend nähen Sie die Zuschnitte (C) links und rechts an das Stickleinen.

Bügeln Sie hinter das genähte Oberteil und das dazugehörige Rückenteil Volumenvlies und schneiden es jeweils bündig ab. Stecken Sie Vorder- und Rückseite des Oberteils aufeinander und nähen Sie für die Einfassung oben an das Oberteil einen Schrägbandstreifen an. Fassen Sie die restlichen drei Seiten ebenfalls mit Schrägband ein, wobei Sie den Streifen an beiden Seiten 60 cm überstehen lassen. Falten Sie das überstehende Band auf die Hälfte und nähen es aufeinander. Bügeln Sie auf die Zuschnitte des Unterteils Volumenvlies und schneiden Sie es bündig ab. Stecken Sie das Rasterquick mit der bedruckten Seite nach oben auf dem Zuschnitt (D) mit Stecknadeln fest.

Um die Steppnähte zu erhalten, nähen Sie über jede zweite diagonale Linie, in jeweils beiden Richtungen, so dass sich die Nähte kreuzen. So entstehen die Steppnähte auf dem Stoff in Form von Rauten.

Stecken Sie die Zuschnitte (D) und (E) aufeinander und fassen drei Seiten mit Schrägband ein. Fassen die obere Naht ebenfalls mit Schrägband ein, lassen jedoch je 1,00 m Schrägband links und rechts überstehen. Diese dienen später als Schleifen zum Zusammenbinden der Schürze. Falten Sie das überstehende Band auf die Hälfte und nähen es fest. Für die Applikationen auf der Tasche übertragen Sie die Muffins mittels der Schablonen von Seite 58 auf den jeweiligen Stoff und bügeln Sie sie mit Hilfe von Vliesofix auf Zuschnitt (E). Fixieren Sie die Motive mit einem Zickzackstich mit der Maschine. Eine genaue Anleitung von Vliesofix finden Sie auf Seite 31. Bügeln Sie auf die Zuschnitte (E) Volumenvlies und stecken Sie diese aufeinander. Steppen Sie mit einem Quiltstich um die Applikationen und verbinden Sie so die Lagen miteinander. Nach dem Quilten begradigen Sie die Schnittkanten und fassen das Rechteck mit Schrägband ein. Steppen Sie die Tasche mittig auf das Unterteil der Schürze auf. Zum Schluss legen Sie das Oberteil etwa 2 cm unter das Unterteil, so dass die zwei Schrägbandeinfassungen sich überlappen. Nähen Sie die Teile mit einer Naht, die genau zwischen den Schrägbändern liegt, aneinander.

Für einen passgenauen Sitz steppen Sie zwei Abnäher lauf Foto auf das Oberteil der Schürze.

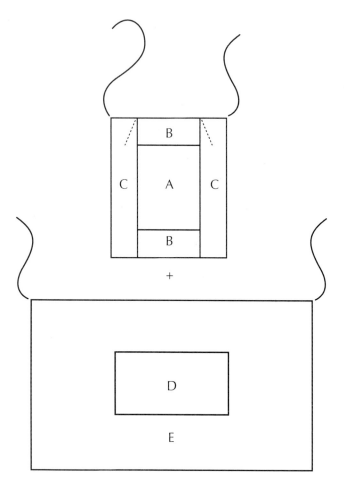

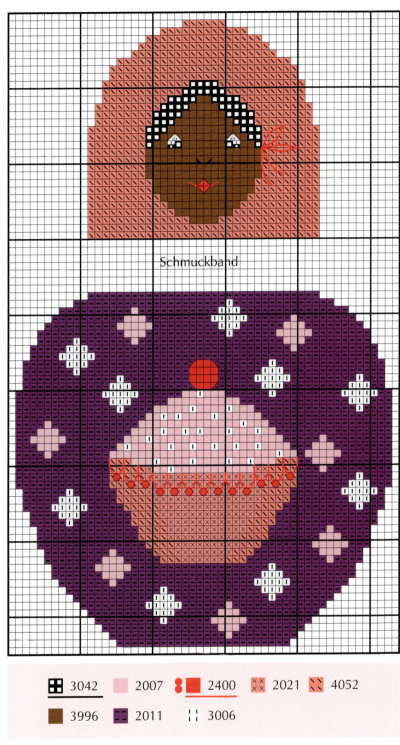

Schmuckband

▦ 3042	▨ 2007	● 2400	✕ 2021	▨ 4052	
■ 3996	▨ 2011	▫ 3006			

Anleitung Gardine „Romantischer Ausblick"

(Seite 10)
Gesamtgröße 100 x 35 cm.
Stickereigröße 9,5 x 14,5 cm. Gestickt wird mit deutschem Baumwollgarn von Vaupel & Heilenbeck.

Material

- 0,25 m Leinenband, rosa, 20 cm breit, 11-fädig, Art.-Nr. 211-200
- 0,25 m Baumwollstoff, rosa mit weißen Punkten, 1,50 m breit, Art.-Nr. 392-10507110
- 0,50 m Baumwollstoff, rot-weiß gestreift, 1,50 m breit, Art.-Nr. 392-40450
- 0,10 m Baumwollstoff, weiß-creme gestreift, 1,50 m breit, Art.-Nr. 392-52506
- 0,10 m Baumwollstoff, rot mit Rosen (für Herzen auf Muffins, 1,50 m breit, Art.-Nr. 392-10507152
- 0,25 m Baumwollstoff, rosa mit Rosen, 1,50 m breit, Art.-Nr. 392-10507153
- 4,70 m Schrägband, rosa mit Tupfen, Art.-Nr. 392-1973156
- 0,65 m Volumenvlies zum Aufbügeln, 90 cm breit, Art.-Nr. 3255-100
- 0,20 m Vliesofix, 90 cm breit, Art.-Nr. 3255-104
- 0,25 m Rasterquick, Dreieck, 90 cm breit, Art.-Nr. 3255-105
- Swarovski-Strasssteine, rot, ca.100 Stück, mit Klebegummierung, 4 mm, Art.-Nr. 6260-25161R
- Applikator-Stab für Strasssteine, Art.-Nr. 6258-102

Zuschnitt

- Stickleinen: (A) 20 x 21,5 cm
- Baumwollstoff rosa mit weißen Punkten: (B) 21,5 x 21,5 cm
- Baumwollstoff rot-weiß gestreift: (C) 21,5 x 21,5 cm / (D) 41,5 x 21,5 cm / 101,5 x 21,5 cm, Rücken
- Baumwollstoff rosa mit Rosen: (E) 2 Stück 95 x 12 cm, Zackenborde
- Rasterquick: 95 x 12 cm für Zuschnitt (E)
- Schrägband: 6 Stück à 36 cm, Schlaufen

Anleitung

Sticken Sie die Matrjoschka-Puppe mittig auf das Leinen (A). Nach dem Sticken feuchten Sie das Leinen ein und bügeln es von links trocken. Nähen Sie den Zuschnitt (B) rechts und den Zuschnitt (C) links an das Leinenband an. Anschließend nähen Sie Zuschnitt (D) rechts an Zuschnitt (C) an. Nähen Sie die Zackenborde. Arbeiten Sie die Zackenborde wie in der Anleitung für den Wandquilt auf Seite xx beschrieben. Stecken Sie die Zackenborde unten an das Stickleinen (A/B) und nähen sie fest. Dabei zeigen die Zacken zur Stickerei. Für die Applikationen übertragen Sie die Muffins, die Tassen und die Kanne mittels der Schablonen von Seite 58 und 59 auf den jeweiligen Stoff und bügeln Sie sie mit Hilfe von Vliesofix auf das Vorderteil. Fixieren Sie die Motive mit einem Zickzackstich mit der Maschine. Eine genaue Anleitung von Vliesofix finden Sie auf Seite 31. Bügeln Sie hinter das Vorder- und das Rückenteil das Volumenvlies. Legen Sie die beiden Lagen aufeinander und heften Sie sie von der Mitte aus mit Sicherheitsnadeln zusammen, damit sie beim Quilten nicht verrutschen. Steppen Sie mit einem Quiltstich (siehe Seite 31) durch alle Nähte, sowie um die Applikationen und verbinden Sie so die drei Lagen miteinander. Nach dem Quilten begradigen Sie die Schnittkanten und fassen die Gardine mit Schrägband ein. Steppen Sie die Zackenborde auf der Schrägbandeinfassung fest, damit die Zacken nach unten zeigen.

Für die Schlaufen säumen Sie die Enden der Schrägbandstreifen und legen Sie dann zur Hälfte aufeinander. Nähen Sie die Bänder mit zwei Nähten an den Außenkanten aneinander. Stecken Sie die Bänder mit einer Schlaufe von 6 cm Höhe, an die Gardine und nähen Sie fest.

Zum Verzieren drücken Sie mit dem Applikator-Stab einzelne Strasssteine als Ohrringe und als Verzierung des Kleides der Matrjoschka-Puppe auf.

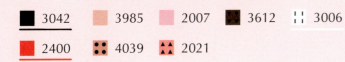

■ 3042	3985	2007	■ 3612	3006
■ 2400	•• 4039	▲▲ 2021		

Anleitung „Schmusepuppe" (Seite 14)

Stickereigröße 9 x 10 cm.
Gesamtgröße 30 x 50 cm. Gestickt wird mit deutschem Baumwollgarn von Vaupel & Heilenbeck.

Material

- 0,20 m Leinen, gebleicht, 1,40 m breit, 12-fädig,
  Art.-Nr. 319-113W
- 0,10 m Baumwollstoff, rot mit weißen Punkten, 1,50 m breit,
  Art.-Nr. 392-10506129
- 0,10 m Baumwollstoff, rot-weiß kariert, 1,50 m breit,
  Art.-Nr. 392-40400
- 0,10 m Baumwollstoff, rosa mit großen roten Punkten, 1,50 m breit, Art.-Nr. 392-10508062
- 0,35 m Baumwollstoff, rot-weiß gestreift, 1,50 m breit,
  Art.-Nr. 392-40450
- 0,15 m Wollstoff, rot, gekochte Wolle, 1,35 m breit,
  Art.-Nr. 3259-70749-638
- 0,35 m Schmuckwebband „Mein Engel", weiß-rot, 1 cm breit,
  Art.-Nr. 35049-05
- 0,35 m Schmuckwebband „Mein Engel", rosa-rot, 1 cm breit,
  Art.-Nr. 35049-02
- 0,35 m Schmuckwebband „Rosen und Herzen", 2 cm breit,
  Art.-Nr. 35054
- 0,35 m Schmuckwebband „Beerenranke", rosa-rot, 1 cm breit,
  Art.-Nr. 35034-02
- 2 Rosenknöpfe, rot, Durchmesser 20 mm,
  Art.-Nr. 6158-10425-03
- Füllwatte, 250g, Art.-Nr. 323-103

Zuschnitt

- Stickleinen: (A) 35 x 20 cm
- Baumwollstoff rot mit weißen Punkten: (B) 35 x 8,5 cm
- Baumwollstoff rot-weiß kariert: (C) 35 x 4,5 cm
- Wollstoff rot: (D) 35 x 11 cm
- Baumwollstoff rot-weiß gestreift: (E) 35 x 8 cm / 35 x 55 cm, Rücken
- Baumwollstoff rosa mit großen roten Punkten: (F) 35 x 9,5 cm

Anleitung

Sticken Sie das Gesicht 2,5 cm von unten und in der Breite mittig auf das Stickleinen (A). Nach dem Sticken feuchten Sie das Stickleinen an und bügeln es von links trocken. Legen Sie die Stoffstreifen laut den Buchstaben auf der Skizze untereinander und nähen die Streifen aneinander. Bügeln Sie die Nahtzugaben zusammen in eine Richtung.
Befeuchten Sie die Schmuckwebbänder und bügeln Sie sie von links trocken. Steppen Sie die Bänder laut Abbildung knappkantig auf den Stoff bzw. auf die Nähte zwischen zwei Stoffen. Applizieren Sie nun die drei Herzen auf. Hierfür übertragen Sie die Herzschablonen von Seite 59 auf dünne Pappe und schneiden diese aus.

Stecken Sie ein kariertes Stoffrechteck auf die Pappe und schneiden den Stoff mit einer Nahtzugabe von 1 cm um die Pappe in der Herzform aus. Fassen Sie nun den überstehenden Stoff mit einem Reihstich mittig auf der Nahtzugabe einmal rund um die Pappe ein und ziehen den Faden vorsichtig zusammen. Der Stoff kräuselt sich nun um die Pappe und nimmt die Form des Herzens an. Bügeln Sie die entstandene Falte und ziehen die Pappe vorsichtig heraus. Stecken Sie das Herz auf dem Kissenvorderteil fest und applizieren es mit feinen Stichen bis auf eine kleine Öffnung auf die Puppe. Mit einem Stäbchen füllen Sie nun das Herz mit etwas Watte, damit es sich zart von der Puppe nach vorne wölbt und schließen die Öffnung. Stecken Sie das Vorderteil rechts auf rechts auf das Rückenteil und übertragen Sie die benötigte Schablone von Seite 58 auf den Stoff. Nähen Sie die Kontur bis auf eine Wendeöffnung am Boden nach. Schneiden Sie das Kissen mit einer Nahtzugabe von 1 cm aus, schneiden Sie die Nahtzugaben in Abständen von ca. 1 cm bis kurz vor die Naht ein. Wenden Sie das Kissen, bügeln Sie es und füllen Sie es mit Füllwatte. Schließen Sie die Wendeöffnung mit kleinen Saumstichen. Setzen Sie zum Schluss Blütenblätter (Schablone Seite 58) aus dem roten Wollstoff und Rosenknöpfe auf den Kopf der Matrjoschka-Puppe.

Anleitung Kissen „Blütenreich" (Seite 15)

Gesamtgröße 60 x 40 cm.
Stickereigröße 8,5 x 14 cm. Gestickt wird mit deutschem Baumwollgarn von Vaupel & Heilenbeck.

Material

- 0,25 m Leinen, rosa, 1,40 m breit, 12-fädig, Art.-Nr. 319-113R
- 0,90 m Wollstoff, rot, gekochte Wolle, 1,35 m breit, Art.-Nr. 3259-70749-638
- 0,10 m Wollstoff, hellgrün, gekochte Wolle, 1,35 m breit, Art.-Nr. 3259-70749-261
- 0,10 m Baumwollstoff, rot mit weißen Punkten, 1,50 m breit, Art.-Nr. 392-10506129
- 0,10 m Baumwollstoff, rosa mit Tupfen, 1,50 m breit, Art.-Nr. 392-10507156
- 0,10 m Baumwollstoff, rot-weiß gestreift, 1,50 m breit, Art.-Nr. 392-40450
- 0,25 m Volumenvlies zum Aufbügeln, 90 cm breit, Art.-Nr. 3255-100
- Kreisschablone, 45 mm, Art.-Nr. 6257-8701
- Kreisschablone, 25 mm, Art.-Nr. 6257-8700

Zuschnitt

- Leinen rosa: (A) 21,5 x 41,5 cm
- Wollstoff: (B) 2 Stück 21,5 x 41,5 cm, Vorderteil / 61,5 x 75 cm, Rücken / 61,5 x 60 cm, Rücken

Anleitung

Sticken Sie die Matrjoschka-Puppe mittig auf das Stickleinen (A). Nach dem Sticken feuchten Sie das Stickleinen an und bügeln es von links trocken. Bügeln Sie das Volumenvlies hinter das Stickleinen und schneiden es bündig ab. Nähen Sie die Zuschnitte (B) links und rechts an das Stickleinen (A) an. Für die Applikationen übertragen Sie die Blätter mittels der Schablonen von Seite 58 auf den hellgrünen Wollstoff und bügeln Sie sie mit Hilfe von Vliesofix laut Foto auf das Vorderteil. Fixieren Sie die Blätter mit einigen Stichen per Hand auf dem Stoff. Die Stoffblüten arbeiten Sie mittels der Kreisschablone nach Anleitung von Seite 31 und verteilen sie passend zu den Blättern auf dem Kissen. Die Rosetten werden mit feinen Stichen rund herum per Hand befestigt. Legen Sie aus dem Zuschnitt für den Rücken einen Hotelverschluss und nähen diesen mit dem Vorderteil des Kissens zusammen.

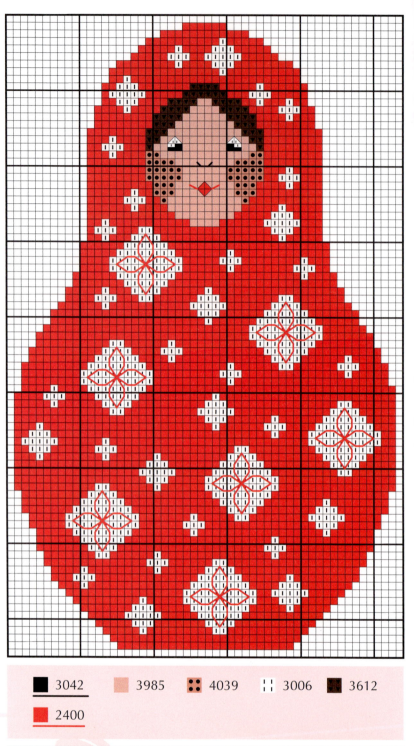

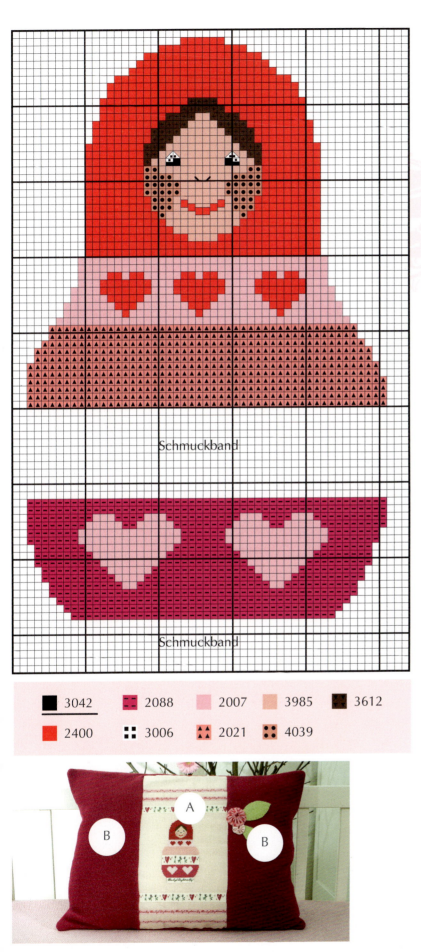

Anleitung Kissen „Fein gestreift" (Seite 17)

Gesamtgröße 60 x 40 cm.
Stickereigröße 8,5 x 14 cm. Gestickt wird mit deutschem Baumwollgarn von Vaupel & Heilenbeck.

Material

- 0,25 m Leinen, rosa, 1,40 m breit, 12-fädig, Art.-Nr. 319-113R
- 0,90 m Wollstoff, pink, gekochte Wolle, 1,35 m breit, Art.-Nr. 3259-70749-936
- 0,10 m Wollstoff, hellgrün, gekochte Wolle, 1,35 m breit, Art.-Nr. 3259-70749-261
- 0,10 m Baumwollstoff, rosa mit weißen Punkten, 1,50 m breit, Art.-Nr. 392-10507110
- 0,10 m Baumwollstoff, rosa mit großen roten Punkten, 1,50 m breit, Art.-Nr. 392-10508062
- 0,60 m Schmuckwebband „Rosen und Herzen", 2 cm breit, Art.-Nr. 35054
- 0,50 m Schmuckwebband „Beerenranke", rosa-rot, 1 cm breit, Art.-Nr. 35034-02
- 0,50 m Schmuckwebband „Mein Engel", rosa-rot, 1 cm breit, Art.-Nr. 35049-02
- 0,10 m Schmuckwebband „Mein Engel", cremeschwarz, 1 cm breit, Art.-Nr. 35049
- 0,25 m Volumenvlies zum Aufbügeln, 90 cm breit, Art.-Nr. 3255-100
- Kreisschablone, 45 mm, Art.-Nr. 6257-8701
- Kreisschablone, 25 mm, Art.-Nr. 6257-8700

Zuschnitt

- Leinen rosa: (A) 21,5 x 41,5 cm
- Wollstoff: (B) 2 Stück 21,5 x 41,5 cm, Vorderteil / 61,5 x 75 cm, Rücken / 61,5 x 60 cm, Rücken

Anleitung

Sticken Sie die Puppe mittig auf das Stickleinen (A). Feuchten Sie Stickleinen und Schmuckwebbänder an und bügeln Sie sie von links trocken. Bügeln Sie das Volumenvlies hinter das Stickleinen und schneiden es bündig ab. Nähen Sie die Bänder knappkantig mit 1,5 cm Abstand zueinander auf das Stickleinen auf. Zwei Schmuckwebbänder werden am Körper der Matrjoschka-Puppe angenäht. Nähen Sie die Zuschnitte (B) links und rechts an das Stickleinen (A) an. Für die Applikationen übertragen Sie die Blätter mittels der Schablonen von Seite 58 auf den hellgrünen Wollstoff und bügeln Sie sie mit Hilfe von Vliesofix auf das Vorderteil. Fixieren Sie die Blätter mit einigen Stichen per Hand auf dem Stoff.
Die Stoffblüten arbeiten Sie mittels der Kreisschablone nach Anleitung von Seite 31 und verteilen sie passend zu den Blättern auf dem Kissen. Die Rosetten werden mit feinen Stichen rund herum von Hand befestigt. Legen Sie aus dem Zuschnitt für den Rücken einen Hotelverschluss und nähen diesen mit dem Vorderteil des Kissens zusammen.

Anleitung Behang „Drei Schwestern"

(Seite 16)

Gesamtgröße 16 x 100 cm.
Stickereigröße je 9,5 x 14,5 cm. Gestickt wird mit deutschem Baumwollgarn von Vaupel & Heilenbeck.

Material

- 1,10 m Leinenband, gebleicht, 16 cm breit, 11-fädig, Art.-Nr. 900-160
- 0,10 m Schmuckwebband „Mein Engel", weiß-rot, 1 cm breit, Art.-Nr. 35049-05
- 0,10 m Schmuckwebband „Mein Engel", rosa-rot, 1 cm breit, Art.-Nr. 35049-02
- 3 Päckchen Swarovski-Strasssteine, rot, ca. 100 Stück, mit Klebegummierung, 4 mm, Art.-Nr. 6260-25161R
- Applikator-Stab für Strasssteine, Art.-Nr. 6258-102
- Wasserlöslicher Stift, Art.-Nr. 6257-516

Anleitung

Sticken Sie Matrjoschka-Puppen mit einem Abstand von 15 cm zueinander und 15 cm von unten und in der Breite mittig auf das Leinenband. Säumen Sie die Enden mit einem 2,5 cm breiten doppelten Saum. Nähen Sie die Schmuckbänder laut Abbildung am Körper der Matrjoschka-Puppen an. Übertragen Sie die Ornamente mit Hilfe der Schablone von Seite 59 mit dem wasserlöslichen Stift laut Abbildung auf das Leinenband. Drücken Sie mit dem Applikator-Stab die Strasssteine im Abstand von 0,5 cm auf die aufgezeichnete Kontur, sowie als Ohrring an den Kopf. Auf die Spitze des Stabes, der sich elektrisch erhitzt, werden die Steine gelegt, so dass die Klebegummierung auf den Strasssteinen sich verflüssigt. Wenn die Klebe kleine Blasen bildet, drücken Sie die Spitze des Stabes auf das Leinen und der Stein fixiert sich auf dem Leinen. Wenn sich einige Steine schwer aus der Spitze lösen lassen, helfen Sie mit einer spitzen, langen Nadel nach.

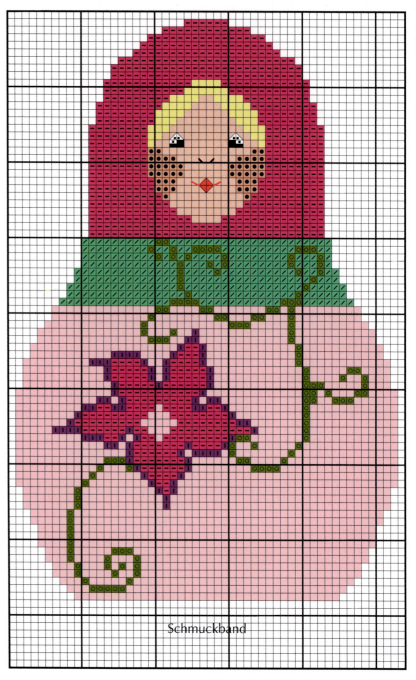

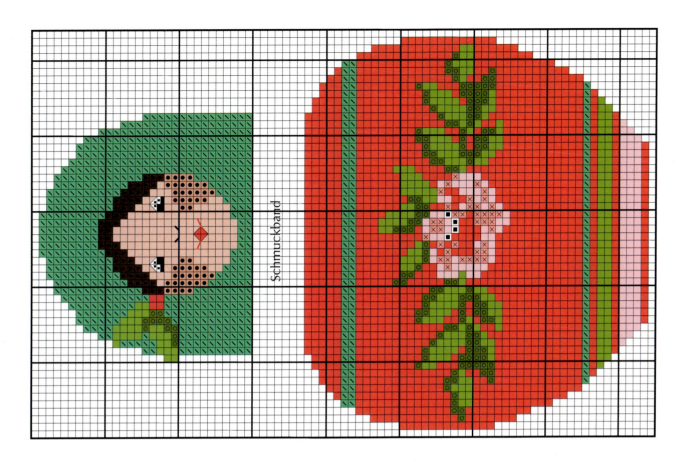

Schmuckband

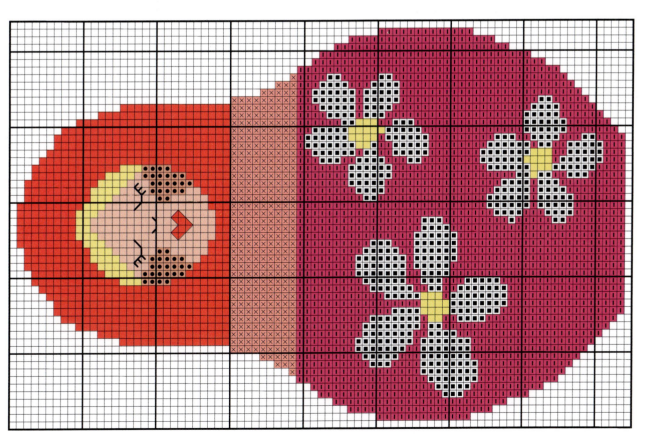

Anleitung Girlande „Fröhliche Reihe" (Seite 21)

Gesamtgröße 50 x 16 cm.
Stickereigröße 5 x 5 cm. Gestickt wird mit deutschem Baumwollgarn von Vaupel & Heilenbeck.

Material
- 0,10 m Leinen, gebleicht, 12-fädig, 1,40 m breit, Art.-Nr. 319-113W
- 0,10 m Baumwollstoff, rosa mit weißen Punkten, 1,50 m breit, Art.-Nr. 392-10507110
- 0,10 m Baumwollstoff, rosa mit großen roten Punkten, 1,50 m breit, Art.-Nr. 392-10508062
- 0,10 m Baumwollstoff, rot mit weißen Punkten, 1,50 m breit, Art.-Nr. 392-10506129
- 0,20 m Baumwollstoff, rot-weiß gestreift, 1,50 m breit, Art.-Nr. 392-40450
- 0,10 m Wollstoff, rot, gekochte Wolle, 1,35 m breit, Art.-Nr. 3259-70749-638
- Füllwatte, 250 g, Polyester, Art.-Nr. 323-103
- 0,40 m Schmuckwebband „Mein Engel", rosa-rot, 1 cm breit, Art.-Nr. 35049-02
- 0,15 m Schmuckwebband „Beerenranke", rosa-rot, 1 cm breit, Art.-Nr. 35034-02
- 0,15 m Schmuckwebband „Rosen und Herzen", 2 cm breit, Art.-Nr. 35054
- 0,60 m Satinband, rosa, 3 mm breit, Art.-Nr. 305-22355-77
- 0,15 m Spitzenband, weiß, 1 cm breit, Art.-Nr. 6192-293005
- 2,00 m Schrägband, rosa mit kleinen roten Punkten, Art.-Nr. 392-1973864

Zuschnitt
Rückseite für die Muffins:
- Baumwollstoff rot-weiß gestreift: 3 Stück 15 x 15 cm

Rückseite für die Matrjoschka-Puppen:
- Baumwollstoff rot-weiß gestreift: 2 Stück 12 x 18 cm

Muffin 1 und 3 jeweils:
- Baumwollstoff rot-weiß gepunktet: 15 x 5 cm
- Baumwollstoff rosa-weiß gepunktet: 15 x 5 cm
- Baumwollstoff rot-weiß gestreift: 15 x 7 cm
- Schmuckwebband „Mein Engel", rosa-rot: 15 cm
- Schrägband: 1,00 m

Matrjoschka-Puppe 1:
- Stickleinen: 12 x 7 cm
- Baumwollstoff rot-weiß gestreift: 12 x 3,5 cm
- Baumwollstoff rosa-rot gepunktet: 12 x 7,5 cm
- Baumwollstoff rot-weiß gepunktet: 13 x 4 cm
- Schmuckwebband „Rosen und Herzen": 12 cm

Muffin 2:
- Baumwollstoff rot-weiß gepunktet: 15 x 5 cm
- Baumwollstoff rosa-rot gepunktet: 15 x 5 cm
- Baumwollstoff rot-weiß gestreift: 15 x 7 cm
- Schmuckwebband „Beerenranke": 15 cm

Matrjoschka-Puppe 2
- Stickleinen: 12 x 7 cm
- Baumwollstoff rosa-weiß gepunktet: 12 x 3,5 cm
- Baumwollstoff rot-weiß gestreift: 12 x 7,5 cm
- Baumwollstoff rot-weiß gepunktet: 12 x 4 cm
- Schmuckwebband „Mein Engel", rosa –rot: 12 cm
- Spitzenband weiß, 12 cm

Anleitung
Sticken Sie die Puppenköpfe mittig auf das Stickleinen. Jedes Motiv besteht aus Vorder- und Rückenteil. Die Vorderteile bestehen aus zusammengenähten Stoffteilen. Alle Rückseiten sind aus rot-weiß gestreiftem Stoff genäht.

Die Teile werden aus zusammengesetzten Vorderteilen gefertigt. Fügen Sie hierfür die Zuschnitte der einzelnen Motive laut Abbildung aneinander. Nähen Sie dann die entsprechenden Schmuckbänder bzw. das Spitzenband auf die Nähte. Vor dem Aufnähen werden die Schmuckbänder angefeuchtet und trocken gebügelt, um den Einlauf zu kontrollieren. Auf die Matrjoschka-Puppen steppen Sie mit Wollstoff Herzen auf. Die Herzschablonen hierfür finden Sie auf Seite 58.

In Muffin 1 und 3 werden die Schrägbänder für die Aufhängung eingenäht. Hierfür säumen Sie die Enden der Schrägbänder, falten sie auf die Hälfte und säumen sie mit einer Naht. Legen Sie die Streifen jeweils auf die Hälfte und schieben Sie sie seitlich zwischen die Stofflagen. Dabei liegt die Aufhängung innen. Legen Sie beide Teile rechts auf rechts zusammen und übertragen Sie die jeweilige Schablone für Muffin oder Matrjoschka (Seite 58) auf die linke Seite des Vorderteils. Nähen Sie die Konturen bis auf eine Wendeöffnung nach und schneiden Sie die Motive mit einer Nahtzugabe von 1 cm aus. Die Nahtzugabe schneiden Sie im Abstand von ca. 1 cm bis kurz vor die Naht ein. Wenden Sie die fertigen Teile, bügeln Sie sie und füllen Sie sie mit etwas Füllwatte. Schließen Sie die Wendeöffnungen mit kleinen Saumstichen. Zum Schluss binden Sie den Matrjoschka-Puppen eine Satinschleife um den Hals.

Anleitung Tischband „Zuckersüß" (Seite 22)

Gesamtgröße 2,00 x 0,30 m. Stickereigröße 52 x 14,5 cm. Gestickt wird mit deutschem Baumwollgarn von Vaupel & Heilenbeck.

Material

• 2,10 m Leinenband, gebleicht, 30 cm breit, 11-fädig, Art.-Nr. 900-300
• Unterläufer aus feinem Transparent-leinen mit Fransen, rot, 50 x 200 cm, Art.-Nr. 3133-117.11
• Porzellanserie „Lovely Rose", Seite 60.

Anleitung

Sticken Sie die Matrjoschka-Puppen fortlaufend von groß nach klein 53 cm und 2,5 cm von unten auf das Leinenband. Die Figuren werden in gleichem Abstand von 10 Kreuzen zueinander gestickt. Säumen Sie die Enden des Tischläufers mit einem 2,5 cm breiten doppelten Saum.

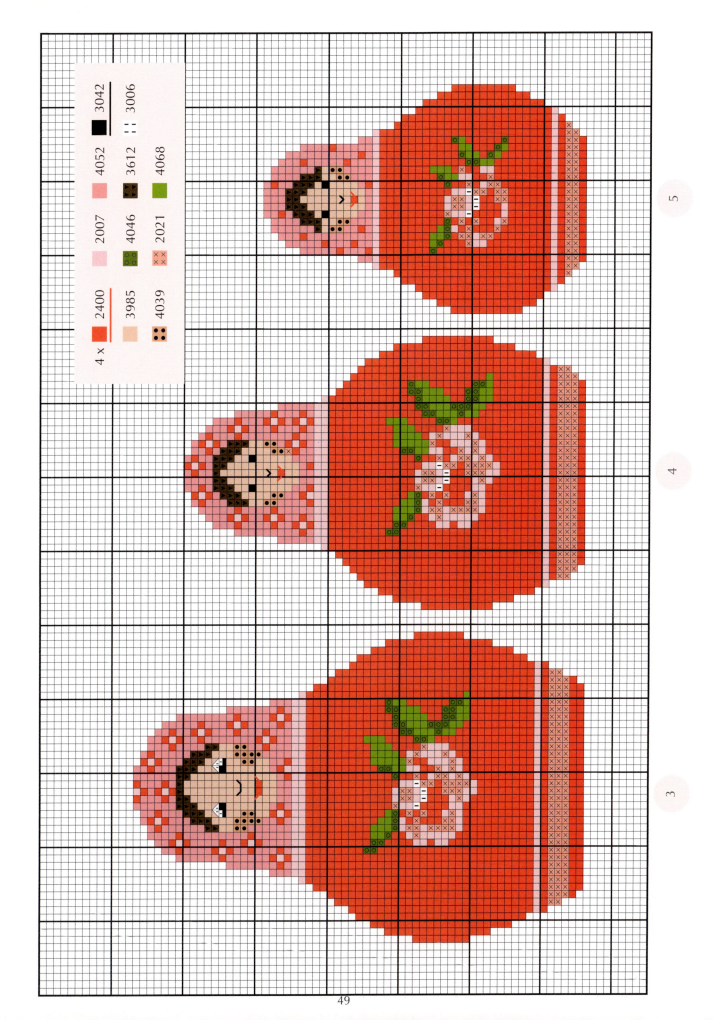

Anleitung Wandkreise „Rund & bildschön"
(Seite 24)

Durchmesser je 36 cm.
Stickereigröße 8,5 x 14 cm. Gestickt wird mit deutschem Baumwollgarn von Vaupel & Heilenbeck.

Material
- 0,25 m Leinen, gebleicht, 1,40 m breit, 12-fädig, Art.-Nr. 319-113W
- 0,50 m Wollstoff, rosa, gekochte Wolle, 1,35 m breit, Art.- Nr. 3259-70749-433
- 0,10 m Wollstoff, hellgrün, gekochte Wolle, 1,35 m breit, Art.- Nr. 3259-70749-261
- 0,10 m Baumwollstoff, rosa mit weißen Punkten, 1,50 m breit, Art.-Nr. 392-10507110
- 0,10 m Baumwollstoff, rosa mit großen roten Punkten, 1,50 m breit, Art.-Nr. 392-10508062
- 0,20 m Schmuckwebband „Beerenranke", rosa-rot, 1 cm breit, Art.-Nr. 35034-02
- 0,10 m Baumwollstoff, rot-weiß gestreift, 1,50 m breit, Art.-Nr. 392-40450
- Kreisschablone, 45 mm, Art.-Nr. 6257-8701
- Kreisschablone, 25 mm, Art.-Nr. 6257-8700
- Wandkreis aus Kaschierfolie, Durchmesser 36 cm, Art.-Nr. 9112-4091-01

Anleitung
Sticken Sie die Matrjoschka-Puppe mittig auf das Leinen. Kleben Sie drei Wandkreise aus Kaschierfolie mittels der Klebeflächen genau aufeinander, indem sie die Folie von den innen liegenden Kreisflächen lösen. Achten Sie darauf, dass auf der Vorderseite eine abziehbare Folie bleibt. Diese ziehen Sie ab und legen die Stickerei mittig auf den Kreis. Die Stickerei wird nun fadengerade auf die Kaschierfolie aufgebracht. Schneiden sie ein 50 x 50 cm großes Stück von dem rosafarbenen Wollstoff aus und übertragen Sie die Matrjoschka-Schablone von Seite 58 auf die Mitte des Stoffes. Schneiden Sie die Figur aus und legen den Wollstoff so auf den Kreis mit der Stickerei, dass der Ausschnitt perfekt passt. Schneiden Sie den überstehenden Stoff rund und schneiden ihn bis ca. 1 cm vor den Kreis ein. Anschließend wird die eingeschnittene Stoffkante mit Heißkleber hinten auf der Pappe festgeklebt.
Setzen Sie laut Abbildung kleine Blätter (Schablone Seite 58) und Stoffblüten auf den Wandkreis. Eine Anleitung für die Kreise finden Sie auf Seite 31. Befestigen Sie zum Schluss mit Heißkleber das Schmuckwebband von hinten als Schlaufe an dem Bild.
Der Wandkreis mit Blütenkranz wird, abgesehen von der Stickerei, ebenso erstellt.

Anleitung Stuhlhusse „Gut platziert" (Seite 25)
Gesamtgröße 40 x 28 cm.
Stickereigröße 8,5 x 14 cm. Gestickt wird mit deutschem Baumwollgarn von Vaupel & Heilenbeck.

Material
- 0,20 m Leinen, gebleicht, 1,40 m breit, 12-fädig, Art.-Nr. 319-113W
- 0,30 m Wollstoff, rosa, gekochte Wolle, 1,35 m breit, Art.-Nr. 3259-70749-433
- 0,10 m Wollstoff, pink, gekochte Wolle, 1,35 m breit, Art.-Nr. 3259-70749-936
- 0,10 m Baumwollstoff, rosa mit Tupfen, 1,50 m breit, Art.-Nr. 392-10507156
- 0,90 m Schrägband, rosa mit Tupfen, Art.-Nr. 392-1973156
- 0,20 m Volumenvlies zum Aufbügeln, 90 cm breit, Art.-Nr. 3255-100
- Kreisschablone, 45 mm, Art.-Nr. 6257-8701
- Kreisschablone, 25 mm, Art.-Nr. 6257-8700

Zuschnitt
- Stickleinen: 17 x 30 cm
- Wollstoff: 81,5 x 30 cm

Anleitung
Sticken Sie die Matrjoschka-Puppe mittig auf das Leinen. Nach dem Sticken feuchten Sie das Leinen an und bügeln es von links trocken. Bügeln Sie das Volumenvlies hinter das Stickleinen und schneiden es bündig ab. Nähen Sie den Wollstoff rechts auf rechts an beiden Seiten des Stickleinens an, so dass ein Schlauch entsteht. Legen Sie den Schlauch so, dass die Stickerei mittig obenauf liegt, wenden Sie alles auf links und nähen die Oberkante mit einer Naht zusammen. Wenden Sie alles wieder auf rechts und fassen Sie die untere Kante mit Schrägband ein. Setzen Sie laut Abbildung kleine Blätter (Schablone Seite 58) und Blütenkreise auf die Husse. Eine Anleitung für die Kreise finden Sie auf Seite 31.

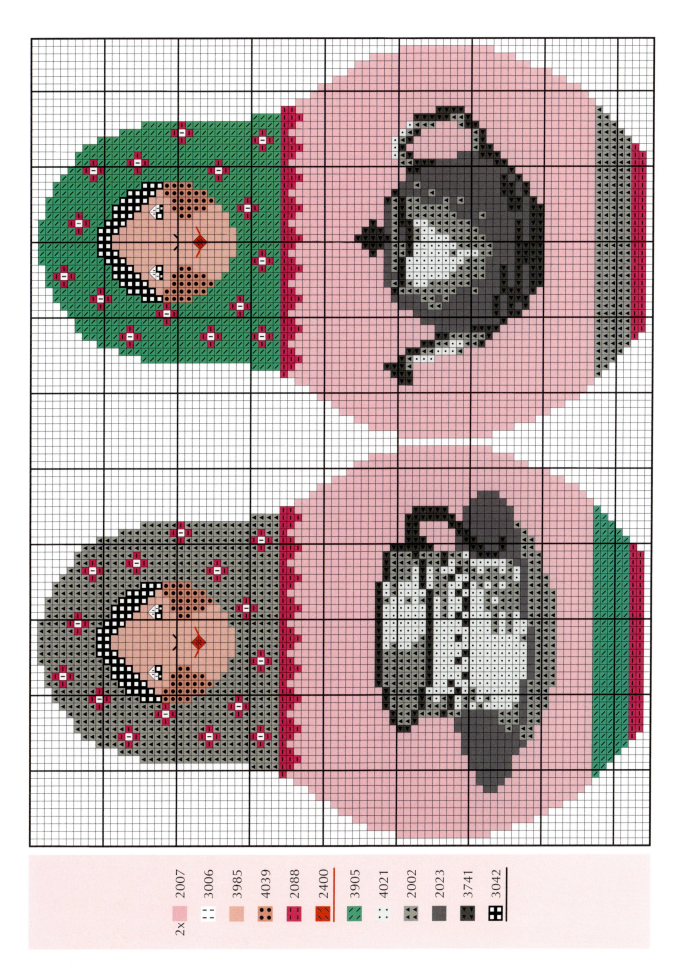

Anleitung Tasche „Trendsetter" (Seite 28)

Gesamtgröße 20 x 30 cm.
Stickereigröße 8,5 x 14 cm. Gestickt wird mit deutschem Baumwollgarn von Vaupel & Heilenbeck.

Material
- 0,15 m Leinen, gebleicht, 1,40 m breit, 12-fädig, Art.-Nr. 319-113W
- 0,25 m Baumwollstoff, rosa mit großen roten Punkten, 1,50 m breit, Art.-Nr. 392-10508062
- 0,60 m Baumwollstoff, schwarz-weiß kariert, 1,50 m breit, Art.-Nr. 392-P-BW2500
- 0,25 m Baumwollstoff, schwarz-graue Blockstreifen, 1,50 m breit, Art.-Nr. 392-P-BW2651
- 0,10 m Wollstoff, hellgrün, gekochte Wolle, 1,35 m breit, Art.-Nr. 3259-70749-261
- 1,10 m Volumenvlies zum Aufbügeln, 90 cm breit, Art.-Nr. 3255-100
- 0,50 m Schabrackenvlies zum Aufbügeln, 45 cm breit, Art.-Nr. 3255-102
- 1,50 m Schrägband, rosa mit roten kleinen Punkten, Art.-Nr. 392-1973864
- Kreisschablone, 45 mm breit, Art.-Nr. 6257-8701

Zuschnitt
- Stickleinen: (A) 14,5 x 20 cm
- Baumwolle weiß-schwarz kariert: (B) 21,5 x 55 cm, Vorderteil / (C) 4 Stück 9 x 90 cm, Träger

Der Träger verjüngt sich von 9 cm auf 6 cm zur Trägerspitze. Schneiden Sie das Trägerende in einem Winkel von etwa 30° spitz zu.

- Baumwolle schwarz-graue Blockstreifen: (F) 21,5 x 27,5 cm, Vorderteil / (D) 2 Stück 11,5 x 26,5 cm, Seitenteile / (E) 21,5 x 11,5 cm, Boden
- Baumwolle rosa mit roten großen Punkten: (G) 21,5 x 55 cm, Futterrückenteil / (H) 21,5 x 27,5 cm, Futter vorderteil / (I) 21,5 x 11,5 cm, Futterboden / (J) 2 Stück 11,5 x 27,5 cm, Futterseiten

Anleitung
Sticken Sie die Matrjoschka-Puppe mittig auf das Stickleinen (A). Nach dem Sticken feuchten Sie das Leinen ein und bügeln es von links trocken. Bügeln Sie hinter das Stickleinen Volumenvlies und fassen es mit Schrägband so ein, dass ein Rechteck von 14,5 x 20 cm entsteht. Steppen Sie das fertige Rechteck in der Breite mittig und 2,5 cm vom unteren Rand auf das Vorderteil (B). Bügeln Sie unter alle Zuschnitte (B bis J) das Volumenvlies und schneiden Sie alle Ränder bündig ab. Nähen Sie laut Skizze die Seitenteile (D) rechts auf rechts an den Boden (E). Dann nähen Sie das Vorderteil (F) und Rückenteil (B) an den Boden (E).

An das Vorderteil (F) und das Rückenteil (B) nähen Sie nun die Seitenteile. So ergibt sich die Taschenform. Das Innenfutter nähen Sie genauso, dabei lassen Sie in einer Bodennaht eine ca. 10 cm lange Wendeöffnung.
Für die Träger legen Sie jeweils zwei Trägerzuschnitte (C) rechts auf rechts aufeinander und nähen alle Seiten bis auf die 9 cm breite Schmalseite zusammen. Wenden Sie die Träger, bügeln Sie sie und steppen Sie die Außenkanten rundherum mit einer Naht ab. Nähen Sie die Enden rechts auf rechts am Futter fest. Wenden Sie das Innenteil der Tasche auf die linke Seite. Stecken Sie das Außenteil der Tasche rechts auf rechts in das gewendete Innenteil und nähen Sie die beiden Teile an der Oberkante und am Umschlag zusammen. Wenden Sie die Tasche durch die Wendeöffnung und schließen Sie diese mit kleinen Saumstichen. Fassen Sie den Umschlag der Tasche rundherum mit Schrägband ein. Setzen Sie laut Abbildung kleine Blätter (Schablone Seite 58) und Blütenkreise auf die Kissen. Eine Anleitung für die Kreise finden Sie auf Seite 31.

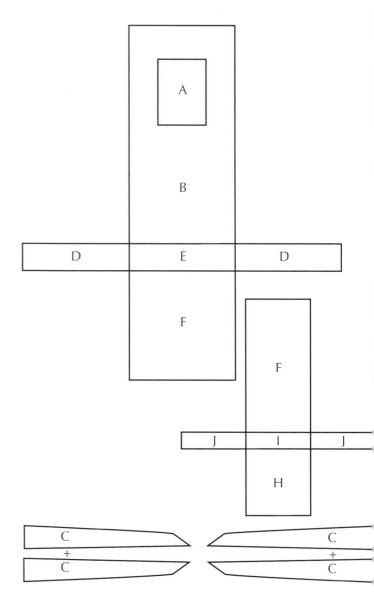

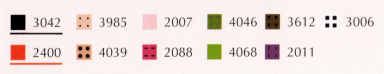

Anleitung Kissen „Black is beautiful" (Seite 29)

Gesamtgröße 45 x 45 cm.
Stickereigröße 8,5 x 14 cm. Gestickt wird mit deutschem Baumwollgarn von Vaupel & Heilenbeck.

Material Kissen 1

- 0,20 m Leinen, gebleicht, 1,40 m breit, 12-fädig, Art.-Nr. 319-113W
- 0,20 m Baumwollstoff, schwarz -grau gestreift, 1,50 m breit, Art.-Nr. 392-P-BW2551
- 0,50 m Baumwollstoff, weiß-schwarz kariert, 1,50 m breit, Art.-Nr. 392-P-BW2500
- 0,35 m Spitzenband, schwarz, 1 cm breit, Art.-Nr. 6192-465026
- 1,00 m Schmuckwebband, Noten, weiß-schwarz, 1 cm breit, Art.-Nr. 35052
- 0,20 m Volumenvlies zum Aufbügeln, 90 cm breit, Art.-Nr. 3255-100
- 0,30 m Rasterquick Dreieck, 90 cm breit, Art.-Nr. 3255-105

Zuschnitt Kissen 1

- Stickleinen: (A) 18,5 x 26,5 cm
- Baumwollstoff schwarz-grau gestreift:
  (B) 2 Stück 15,5 x 26,5 cm
- Baumwollstoff schwarz-weiß kariert: (C) 2 Stück
  46,5 x 11,5 cm / 35 x 46,5 cm, Rücken / 80 x 46,5 cm, Rücken

Material Kissen 2

- 0,20 m Leinen, gebleicht, 1,40 m breit, 12-fädig, Art.-Nr. 319-113W
- 0,20 m Baumwollstoff, grau-schwarze Blockstreifen, 1,50 m breit, Art.-Nr. 392-P-BW2651
- 0,50 m Baumwollstoff, weiß-schwarz kariert, 1,50 m breit, Art.-Nr. 392-P-BW2500
- 0,35 m Spitzenband, schwarz, 1 cm breit, Art.-Nr. 6192-465026
- 1,00 m Schmuckwebband, Noten, weiß-schwarz, 1 cm breit, Art.-Nr. 35052
- 0,20 m Volumenvlies zum Aufbügeln, 90 cm breit, Art.-Nr. 3255-100
- 0,30 m Rasterquick Dreieck, 90 cm breit, Art.-Nr. 3255-105

Zuschnitt Kissen 2

- Stickleinen: (A) 18,5 x 26,5 cm
- Baumwollstoff schwarz-weiß kariert: (B) 2 Stück
  15,5 x 26,5 cm / 35 x 46,5 cm, Rücken / 80 x 46,5 cm, Rücken
- Baumwollstoff schwarz-graue Blockstreifen: (C) 2 Stück
  46,5 x 11,5 cm

Anleitung

Sticken Sie die Matrjoschka-Puppe mittig auf das Stickleinen (A). Nach dem Sticken feuchten Sie das Leinen an und bügeln es von links trocken. Bügeln Sie hinter das Stickleinen Volumenvlies und schneiden es bündig ab. Bringen Sie oben und unten an das Leinen das Spitzenband an. Bügeln Sie hinter die Zuschnitte (B) Volumenvlies und stecken das Rasterquick mit der bedruckten Seite nach oben auf das Volumenvlies auf. Um die Steppnähte zu erhalten, nähen Sie über jede zweite diagonale Linie, in jeweils beiden Richtungen, so dass sich die Nähte kreuzen. So entstehen die Steppnähte auf dem Stoff in Form von Rauten. Nähen Sie die bearbeiteten Zuschnitte (B) links und rechts an das Stickleinen (A) an und die Zuschnitte (C) oben und unten an. Setzen Sie das Schmuckband knappkantig auf die Naht. Legen Sie aus dem Zuschnitt für den Rücken einen Hotelverschluss und nähen diesen mit dem Vorderteil des Kissens zusammen.

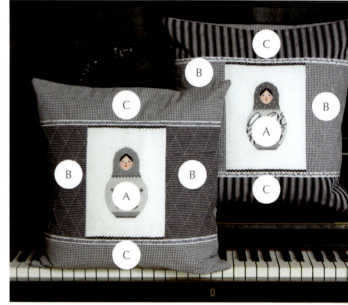

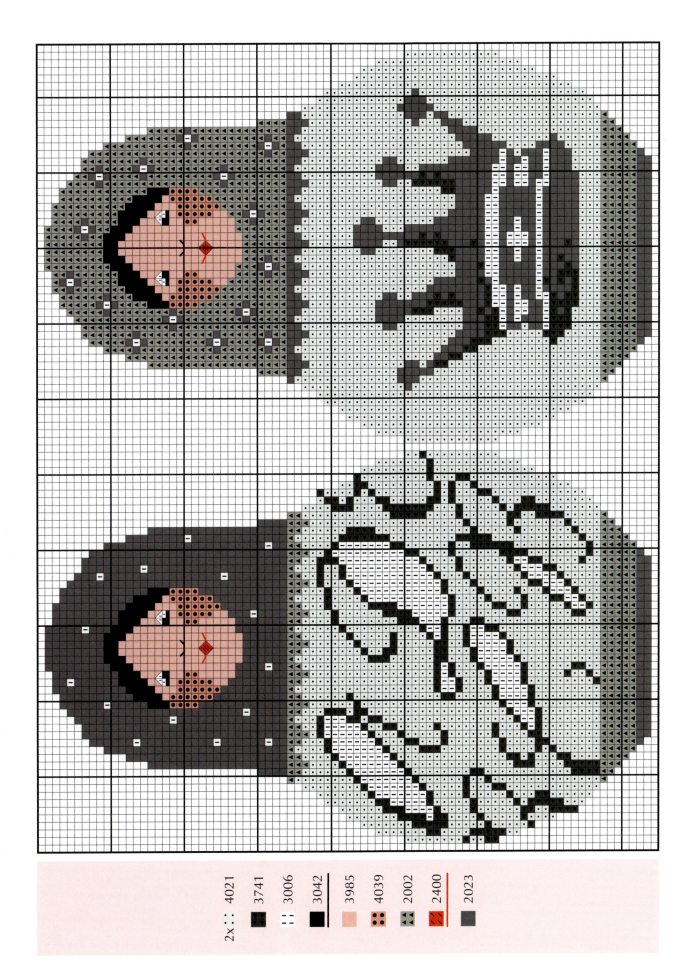

Anleitung „Süßes Kränzchen" (Seite 26)

Kranzdurchmesser ca. 35 cm.
Stickereigröße 9,5 x 14,5 cm. Gestickt wird mit deutschem Baumwollgarn von Vaupel & Heilenbeck.

Material

- 1,00 m Leinenband, gebleicht, 12 cm breit, Art.-Nr. 900-120
- 0,10 m Schmuckwebband „Mein Engel", rosa-rot, 1 cm breit, Art.-Nr. 35049-02
- 1,00 m Satinband, rosa, 3 mm breit, Art.-Nr. 305-22355-77
- Sommerkranz, handgebunden aus künstlichen Blüten, Durchmesser ca. 35 cm, Art.-Nr. 14091-01

Anleitung

Sticken Sie die Matrjoschka-Puppe 15 cm von unten und in der Breite mittig auf das Leinenband. Nähen Sie das Schmuckband laut Abbildung am Körper der Matrjoschka-Puppe an. Säumen Sie das Leinenband an beiden Enden zu einer Spitze. Achten Sie darauf, dass die obere Spitze seitenverkehrt genäht wird. Legen Sie das Band um den Kranz und binden es locker mit einer Schleife aus Satinband zusammen.

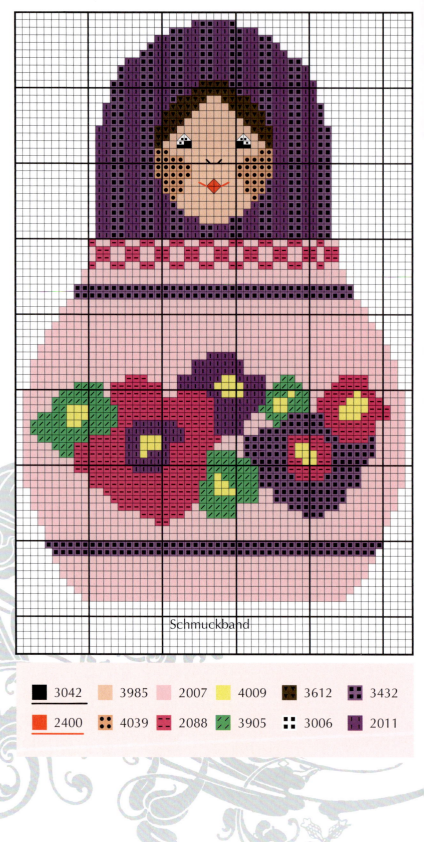

Anleitung Passepartouts mit Puppengesichtern

Sticken Sie die Puppengesichter auf ein Stück 12-fädiges, gebleichtes Leinen. Die gestickten Gesichter werden rundherum in Form geschnitten und mit einem Klebestift oder doppelseitigem Klebeband in die Passepartouts geklebt.

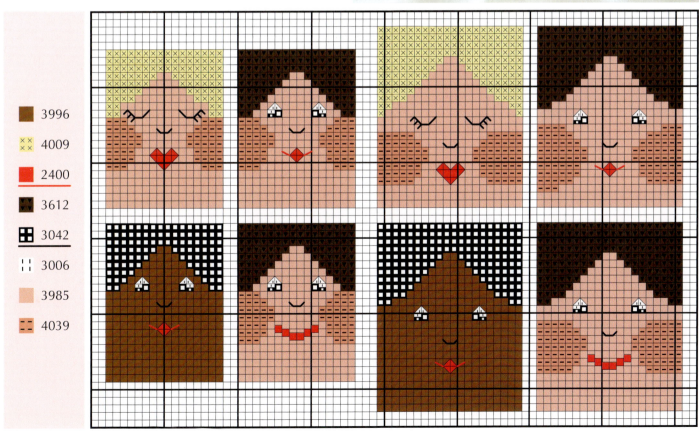

- 3996
- 4009
- 2400
- 3612
- 3042
- 3006
- 3985
- 4039

Porzellanserie „Lovely Rose" Fine Bone China

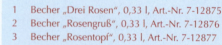

1   Becher „Drei Rosen", 0,33 l, Art.-Nr. 7-12875
2   Becher „Rosengruß", 0,33 l, Art.-Nr. 7-12876
3   Becher „Rosentopf", 0,33 l, Art.-Nr. 7-12877
4   Becher „Rosentasche", 0,33 l, Art.-Nr. 7-12878
5   Becher „Rose mit Herz", 0,33 l, Art.-Nr. 7-12879
6   Becher „Rosenherz mit Brief", 0,33 l, Art.-Nr. 7-12880
7   Becher „Herzen", 0,33 l, Art.-Nr. 7-12883
8   Becher „Zum Geburtstag", 0,33 l, Art.-Nr. 7-12881
      Teller „Zum Geburtstag", 21 cm, Art.-Nr. 7-14272
9   Becher „Für Dich", 0,33 l, Art.-Nr. 7-12882
      Teller „Für Dich", 21 cm, Art.-Nr. 7-14273
10   Obertasse „Rose mit Herz", 0,27 l, Art.-Nr. 7-14224
      Untertasse, Art.-Nr. 7-14225
11   Zuckerdose, Art.-Nr. 7-14215
      Milchgießer, 0,2 l, Art.-Nr. 7-14216
12   Platte oval „Rosenherz mit Brief", 24 cm, Art.-Nr. 7-14250
13   Teller „Rose mit Herz", 21 cm, Art.-Nr. 7-14261
14   Teller „Drei Rosen", 27 cm, Art.-Nr. 7-14262
15   Teller tief „Rosengruß", 22 cm, Art.-Nr. 7-14265
16   Teller „Lovely Rose", 31 cm, Art.-Nr. 7-14263
17   Suppenobertasse „Rosentasche", Art.-Nr. 7-14270
      Suppenuntertasse Art.-Nr. 7-14271
18   Sauciere „Rosenherz", 0,6 l, Art.-Nr. 7-14247
19   Schale 12,5 cm, Art.-Nr. 7-14240
      Schale 17 cm, Art.-Nr. 7-14241
20   Teekanne „Drei Rosen", 1,2 l, Art.-Nr. 7-14206
      Stövchen, Art.-Nr. 7-14211
21   Kaffeekanne „Drei Rosen", 1,4 L, Art.-Nr. 7-14202
22   Krug „Drei Rosen", 1,3 l, Art.-Nr. 7-14285
23   Terrine „Rosenherz", Art.-Nr. 7-14246
24   Eierbecher, Art.-Nr. 7-14280
25   Pfefferstreuer, Art.-Nr. 7-14282
      Salzstreuer, Art.-Nr. 7-14281
      Essigflasche „Rosenherz", Art.-Nr. 7-14284
      Ölflasche „Rosenherz", Art.-Nr. 7-14283

Feine Deko-Passepartouts

1

2

3

Deko-Passepartouts
Diese hübschen Passepartouts zum Selbstgestalten laden zu vielen Ideen ein. Sie sind in den Farben **Violett, Weiß, Rot, Pink** und **Rosa** erhältlich. Jedes Passepartout besteht aus Vorder- und Rückteil, sowie einem Satinband zur Aufhängung.

1) Matrjoschka-klein, 11 x 8 cm
- Violett, Art.-Nr. 9112-PP-401
- Weiß, Art.-Nr. 9112-PP-402
- Rot, Art.-Nr. 9112-PP-403
- Pink, Art.-Nr. 9112-PP-404
- Rosa, Art.-Nr. 9112-PP-405

2) Muffin, 11 x 10 cm
- Violett, Art.-Nr. 9112-PP-406
- Weiß, Art.-Nr. 9112-PP-407
- Rot, Art.-Nr. 9112-PP-408
- Pink, Art.-Nr. 9112-PP-409
- Rosa, Art.-Nr. 9112-PP-410

3) Matrjoschka-groß, 15 x 10,5 cm
- Violett, Art.-Nr. 9112-PP-300
- Weiß, Art.-Nr. 9112-PP-301
- Rot, Art.-Nr. 9112-PP-302
- Pink, Art.-Nr. 9112-PP-303
- Rosa, Art.-Nr. 9112-PP-304

- Original Leinen- und Baumwollstickbänder in vielen Breiten und Mustern, dazu passend Quasten und Kordeln.
- Original deutsches Baumwollgarn in über 200 schönen Farben, die ständig erweitert werden.
- Druck-Leinenbänder in vielen schönen Motiven und Farbvariationen.

Vaupel & Heilenbeck GmbH & Co. KG
Postfach 201913 • 42219 Wuppertal

Weberei Weddigen
BIELEFELDER LEINEN

Unsere qualitativ hochwertigen Handarbeits-Meterwaren für alle Sticktechniken finden Sie im qualifizierten Fachhandel.

Postfach 3042
32020 Herford/Westfalen
Tel. 0 52 21/5 00 10
Fax 0 52 21/5 00 21

Ihr kreativer Partner
... für Rahmen und Passepartout

Im Bilde • Michael Steinacker
Auf dem Niederen Bruch 4
57399 Kirchhundem-Würdinghausen
Tel. 0 27 23-68 87 22 • Fax 0 27 23-71 67 52
E-Mail: imbilde@t-online.de
Internet: www.imbilde-rahmen.de

Die in diesem Buch vorgestellten Artikel erhalten Sie im Fachhandel oder direkt bei uns.
Internet: www.acufactum.de • Tel. 0 23 04-53 49 • Fax 0 23 04-54 53

Schmuckwebbänder von acufactum

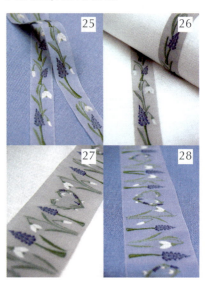

Die wunderschönen und vielseitigen Schmuck bänder sind aus reiner Baumwolle gewebt und farbecht bis 60 Grad.

1. „Mein Engel, Dir gehört mein Herz", rosa rot, 1 cm breit, Art. Nr. 35049-02
2. „Rosen und Herzen", 2 cm breit, Art. Nr. 35054
3. „Herzen", rosa rot 1 cm breit, Art. Nr. 35046-02
4. „Herzen", rot grün, 1 cm breit, Art. Nr. 35046
5. „Mein Engel, Dir gehört mein Herz", weiß rosa, 1 cm breit, Art. Nr. 35049-04
6. „Beerenranke", rosa rot, 1 cm breit, Art. Nr. 35034-02
7. „Mein Engel, Dir gehört mein Herz", weiß rot, 1 cm breit, Art. Nr. 35049-05
8. „Tulpen und Herzen", rot, 1 cm breit, Art. Nr. 35055
9. „Beerenranke", hellblau, 1 cm breit, Art. Nr. 35034-01
10. „Mein Engel, Dir gehört mein Herz" hellblau blau, 1 cm breit, Art. Nr. 35049-01
11. „Herzen", hellblau blau, 1 cm breit, Art. Nr. 35046-01
12. „Mein Engel, Dir gehört mein Herz", creme schwarz, 1 cm breit, Art. Nr. 35049
13. „Noten", creme schwarz, 1 cm breit, Art. Nr. 35053
14. „Mein Engel, Dir gehört mein Herz", weiß schwarz, 1 cm breit, Art. Nr. 35048
15. „Noten", weiß schwarz, 1 cm breit, Art. Nr. 35052
16. „Weihnachtspäckchen", gelb, 2 cm breit, Art. Nr. 35051
17. „Mein Engel, Dir gehört mein Herz", weiß grün, 1 cm breit, Art. Nr. 35049-06
18. „Weihnachtspäckchen", eisblau, 2 cm breit, Art. Nr. 35050
19. „Adventshaus & Mistelkranz" Rapport 13,5 cm / Sie bestellen immer in Rapporten, z.B. 27 cm (2 Rapporte) 5 cm breit, Art. Nr. 35045
20. „Weihnachtspäckchen" gold, 2 cm breit, Art. Nr. 35047
21. Schmuckband Tulpen und Herzen, rosa, 1 cm breit, Art. Nr. 35056
22. Schmuckband Schwedenkinder, rosa rot, 3 cm breit, Art. Nr. 35058
23. Schmuckband Schwedenkinder, blau, 3 cm breit, Art. Nr. 35059
24. Schmuckband Schwedenkinder, creme rot, 3 cm breit, Art. Nr. 35057
25. Schmuckband Frühlingsranke blau 2 cm breit, Art. Nr. 35026
26. Schmuckband Frühlingsranke grau 2 cm breit, Art. Nr. 35027
27. Schmuckband Frühlingsherz grau 5 cm breit, Art. Nr. 35029
28. Schmuckband Frühlingsherz blau 5 cm breit, Art. Nr. 35028

Schöner Sticken mit acufactum

1 Elfentulpe Behang
Stickereigröße ca. 35 x 75 cm
Stickpackung Art.-Nr. 2524BEHANG
Elfentulpe Bild (ohne Abb.)
Stickpackung Art.-Nr. 2524

2 Herzgarten
Stickereigröße ca. 34 x 35 cm
Stickpackung Art.-Nr. 2518
Rahmen Art.-Nr. 9112-2518

3 Weltumarmung
Stickereigröße ca. 44,5 x 42,5 cm
Stickpackung Art.-Nr. 2521
Rahmen Art.-Nr. 9112-2521

4 Lebensbaum
Stickereigröße ca. 52 x 50 cm
Stickpackung Art.-Nr. 2522
Rahmen Art.-Nr. 9112-2522

5 Rosenfrau
Stickereigröße ca. 22 x 33 cm
Stickpackung Art.-Nr. 2523
Rahmen auf Anfrage

6 Schmetterling im Blumengarten
Stickereigröße ca. 32 x 43,5 cm
Stickpackung Art.-Nr. 2520
Rahmen Art.-Nr. 9112-2520

7 Gespräche im Hühnerstall
Stickereigröße ca. 29,5 x 37,5 cm
Stickpackung Art.-Nr. 2519
Rahmen Art.-Nr. 9112-2519

Rosenküsse
Bezaubernde Stickereien und reizvolle Patchworkarbeiten finden Sie in unserem neuen Buch "Rosenküsse". Traumhafte Gestaltungen rund um ein gemütliches Zuhause- voller Romantik. Die Motive dieses Buches stammen von der Designerin und Illustratorin Silke Leffler, die mit federleichtem Liebreiz fabelhafte Welten kreiert. Zarte Dekorationen ergänzen die Handarbeiten liebevoll.
128 Seiten, Hardcover, Format 21,5 x 27 cm
Art.-Nr. 4087• ISBN 978-3-9811455-5-7

Schöner Sticken mit acufactum

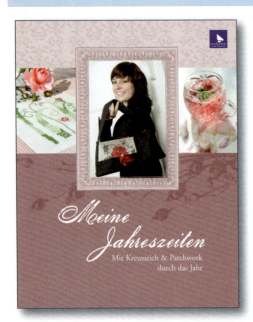

Meine Jahreszeiten

Dieses Buch begleitet Sie durch das ganze Jahr. Passend zu jeder Jahreszeit zeigen wir Ihnen wunderschöne Stickereien, liebevoll zusammengestellte Patchworkkreationen und ideenreiche florale Dekorationen für ein schönes Zuhause. Mit anschaulichen Anleitungen lassen sich diese Anregungen einfach nacharbeiten.
Ob ein gestickter Tischläufer für den Ostertisch, eine genähte Sommertasche zum Shoppen mit der Freundin oder besinnliche Weihnachtsstunden mit handgenähtem Engel und gepatchten Kuschelkissen.
„Meine Jahreszeiten" macht das Jahr einfach schöner.

Format 21,5 x 27 cm, 176 Seiten, Art. Nr. 4090
ISBN 978-3-9811455-7-1

Unser Kind Meine Jahreszeiten SPEZIAL
Mit liebevollen Details hat Kerstin Heß wunderschöne Motive für das Kind entworfen. Krabbeldecke, Geburtstagstischband, Baby-Album, Kissen, Taufbild, Utensilo, ein Memorie-Spiel, Kirschkernkissen, Schatzkästchen, Duftteddy und eine Tasche für die Mama lassen Herzen höher schlagen.

Format 21 x 27, 32 Seiten, Art.-Nr. 4092
ISBN 978-3-9811455-8-8

Mein Sommer Meine Jahreszeiten SPEZIAL
Blauweiße Stickereien sind in diesem Stickbuch zu zauberhaften textilen Gestaltungen geworden. Die Motive von Kerstin Heß machen Lust auf einen Urlaub am Meer. Anleitungen für Tischband, Kissen, Wimpelgirlande, Tasche, vier Bilder und einen schönen Wandquilt fegen frischen Sommerwind durch das Haus.

Format 21 x 27, 32 Seiten, Art.-Nr. 4093
ISBN 978-3-9811455-9-5